Sopro de Vitrines

Sopro de Vitrines

Rosana Piccolo

Copyright © 2009 by Rosana Piccolo

Edição: Joana Monteleone
Editora assistente: Marília Chaves
Assistente editorial: Pedro Henrique de Oliveira
Assistentes de produção: Fernanda Pedroni
                        Vitor Rodrigo Donofrio Arruda
Revisão: Rachel Duarte Topfstedt
Imagem da capa: *Espartilhos*, Boulevard de Strasbourg (10ᵉ arr.), 1921

```
CIP-BRASIL. CATALOGAÇÃO-NA-FONTE
SINDICATO NACIONAL DOS EDITORES DE LIVROS, RJ
P655s

Piccolo, Rosana, 1955-
   Sopro de vitrines / Rosana Piccolo. - São Paulo: Alameda, 2009.

   ISBN 978-85-7939-002-9

   1. Poesia brasileira. I. Título.

09-3918.           CDD: 869.91
                   CDU: 821.134.3(81)-1

05.08.09   12.08.09                014306
```

ALAMEDA CASA EDITORIAL
Rua Conselheiro Ramalho, 694, Bela Vista.
São Paulo - SP
CEP 01325-000
Tel. (11) 3012-2400
www.alamedaeditorial.com.br

"Os tigres da ira sabem mais que os cavalos da instrução."
William Blake

Sumário

Gravado nas Águas	12
Retorno	14
Manequim	16
Cerimônia do Chá	18
Vernizes	19
Declínio	20
Doces Finos	22
Deficientes	24
Cruzada	25
Bibelôs	26
Filme Começado	28
Fórmulas Manipuladas	30
Sob a Lua	32
Estação Clínicas	34
Bicho do Mato	35
Mar Insosso	36
Prateleira de Destinos	38
Cena	40
Tapete Persa	42
Sinal Verde	44
Couros & Pelicas	46
Legião	48
Asas	50

Lenda da Terra de Marlboro	52
Cartão-Postal	54
Beiradas	56
Sina	58
Hora Extra	60
Papéis Picados	62
Compulsão	64
Cabeleireiros de A a Z	66
Vacas	68
Tese de Mestrado	70
Grafites	72
Feira de Artesanato	74
Legendas das fotos de Eugène Atget	77

Gravado nas Águas

A noite é a mais previsível das sereias. Na pele a ferida infernal de trinta milhões de rubis. Sobre o mundo, derrama o cabelo crescido, negro e sem limite. Saltam-lhe as veias na árvore ressequida. Tem escoriações iluminadas, arranhões acesos. Na mão queimadura, incêndio nos faróis malabaristas – torneira de clarão é a noite, abre-se além da janela. No travesseiro cílios cerrados, o poema escrito do começo ao fim, nunca o esqueceremos – até chegar o dia e nos afogar.

Retorno

Tarde fria. O anjo passa. Profusão de malhas e garoas. Bares. Na pluma da xícara quase que a sexta, suprema asa vermelha. Do clarim à calçada mil tardes frias. Passam jargões e gravatas, vem o bisonte – e o cenho de ferro a gruta a pedra a mão noturna do chimpanzé. Novamente o fogo porém, vapor da metáfora. O alfabeto e o guarda-chuva. Depois o anjo, outra vez.

Manequim

À frente do labirinto de ofertas do magazine – ela, dona do fio. Outras em carne e osso pela calçada propagam sua elegância no nervo do rush. Frenagens. Batom cor de boca. Saias enfunadas de fuligem. Faróis-leões rubricam pernas, enxame de pressa e fachada – seis em ponto. É de longe a mais forte. Se a generosa fumaça lhe bate de chofre na face, baixa os olhos impecáveis. Azuis. Eternamente.

Cerimônia do Chá

Em uma dessas vitrines, dubiamente iluminadas pela hora mágica, pode ser visto o tatame. O braseiro rivaliza o pôr do sol. Fumega o incenso, fumega sem fim. A caligrafia da chuva já foi removida. Rente à parede, nasce o ikebana da nova estação.

Podem-se ver convidados, três ou quatro. E o gestual do anfitrião – lá fora evoluem sacis, arrepio no crânio das cerejeiras. O vaso, a cumbuca, utensílios de nome poético foram retirados do recinto, de entrada tão pequena que os samurais aí se agacham – largam-se espadas do lado de fora.

O chá lembra o vulcão adormecido: por um tremor derrama o perigo, e queima, e dói, não é? Há também a estampa dos quimonos, cuja flor é tão perfeita que a natureza não soube imitar.

Vernizes

Ruge o viaduto. É o auge da rua. Imbuias pontuam vazios no chão apinhado da loja de móveis. Mesa ampla e deserta. Sobram romãs, carrancas divinas. No castiçal maçãs em ouro. Vigiam passeios em flamas afobadas, lembram fogueiras de Troia.

Declínio

Estaturas elevadas derivam dos ombros espelhados do edifício – não veem a hora de mostrar a habilidade na caça do vassalo e lucro garantido. Avançam em falácias e colarinhos. Flautas, ladrões, bancários, agitadores, lhamas, livreiros passeiam aos seus olhos como cardápio aveludado. Inglês e espanhol fluente. Mau presságio na face. Na concha do cálculo – ianques, chefetes, caifases, marqueteiros – pisam arquipélagos e continentes e esta avenida às cinco da tarde. Suas sombras andam de quatro. E batem no peito. E estendem a mão, pedindo banana ou amendoim.

Doces Finos

Chantilis e redomas ao fascínio de formigas: duas, três, cinco, seis, nove ao clamor das cerejas. No balcão, papéis cortados agradecem a preferência. E embalam a caixa a ser devastada, guardada depois para agulhas, trecos, adereços um dia. Onze agora. Quatorze. Dezenove. Vinte e duas. Vinte e seis comigo. Outra surge mais sisuda. Outra ainda vem tardia. Outra aguarda irritadiça em meio à aflição de patas, ferrão, tricô de antenas. Sob espora, porta afora se espalham, é verão em julho.

Deficientes

Volumosas bocas. Ondulam na moda de outono. Atrás de cada uma, microscópico quase, contorno minúsculo (miniatura) daquilo que meus olhos dizem ser, acho mesmo que sim, mas só pode ser e é mesmo, uma mulher.

Novo outono. Novos outdoors. Nova onda de lãs e batons berrantes. Novas bocas no balão volumoso de falas que flutuam, flutuam sem rosto. A mão do surdo-mudo, o alfabeto desenhado na polpa da noite, isso é o de menos.

Cruzada

À margem do asfalto passam grades a galope. Levam no dorso a estudante baleada, dois lírios exangues na face gelada. Umas carregam relógios, revólveres roubados. Ou pincéis, telas de Picasso.

Grades amarelas guardam girassóis. Grades azuis, garrafões d'água. A mais assustada dispara. As afobadas empinam. Bravias, relincham a troco de nada.

As orgulhosas grades de raça marcham por bairros de luxo. Chicoteadas com falhas no pelo trotam no arrabalde. De vez em quando formam parelhas – e seguram varais brancos como se pedissem paz.

Bibelôs

Porcelana e pressa na loja dos anjos. Finíssimos pontos de interrogação contornam a tez da prole do céu alheia ao tecido dos faróis sedosos. Músicos alguns. Bailarinos outros, braços serpentes brancas boquiabertas no ar parado da noite. Exibem adagas e peixes de prata. Ou ânforas, camomilas tristes.

Há os que venham do vitral. Dos evangelhos. Das grifes. Do rótulo. Do mármore. Do autódromo. Das marcenarias. Das grutas. Das sepulturas noturnas. E trazem o açoite. E trazem os cravos, a lança, o sudário, a pedra removida. Há os que empunhem arcabuzes, exigindo preces e um vestido novo. Ou lâmpadas, flâmulas bruxuleantes, quase Natal, quase Sexta-Feira Santa.

Filme Começado

Quando a noite vinga – na língua da chuva semáforos são dropes coloridos. Faróis aguardam. Hesitam. Prosseguem. Tevê em preto e branco: o assassino vem a pé. Na íris vidrada, ponta de agulha incandescente. Ele busca o furto, prostituta ou qualquer um. Calçadas aguardam viscosas. Hesitam. Prosseguem. Na íris vidrada, monstruoso novelo movente de medusas, todas querem matar. Ele busca o fito. Eu, o fio dessa meada.

Fórmulas Manipuladas

Incenso de alfazema à venda na farmácia – aceso, acalma demônios. Pavios queimam cravo e canela, canteiros de patchouli. Na prateleira a loucura das ervas, atrás do balcão coração de venenos. Pétalas evitam colapso, floreiras exorcizam. Girassol sofreguidão. Passiflora frigidez. Madressilva a ira. Jasmim o vício. Canção de clareiras ecoam no subsolo, florestas revolvem-se em tubos de: caldeirões pretéritos, caldo de bruxas eternas.

Sob a Lua

... foi assalto na loja. Só o manequim. Em cheio na pilha de cacos da vitrine de náilons empalidecidos. Pálpebras domadas, aguilhão de olhares. Braço arrancado. A mão cortada como lírio na calçada da manhã. Alabastro.

Estação Clínicas

Criaturas do ar, ao certo, e a descendência inteira da luz conspiram para evitá-la. Catracas embaralham aventais diários entre o hospital, de um lado, e o toldo permanente da floricultura, na direção oposta. Saída em víbora cinzenta. Mármore na redondeza — orquídea embalada para presente, a mão friorenta das enfermeiras com a unha em carne-viva.

Há sangue pisado no amor-perfeito. Nervuras lembram suturas escuras. Na mancha do tiro, mais uma dúzia de rosas vermelhas. Misturam-se violetas e vísceras e prímulas e cérebros e compressas e magnólias túmidas. Na plataforma, trilhos são tentáculos ou: o trem fura os olhos do túnel em ave-do-paraíso.

Bicho do Mato

O vento revira a praça onde ele pode ser visto — cabelo despontado até a cintura, donde parte o saiote de folhas verdejantes. Na boca um par de lagartas se amando. No rosto as sardas da selva – rodeiam-lhe os olhos de Gengis Khan.

A lança se afia pela fauna grávida de amor. Não será um pedaço de bambu? Sossega, não vou tomá-la, sou tão imaginária como tu. O riso quebra a bochecha de bronze, ele dança, pinoteia, põe-se a arranhar a flauta de Pã.

Mar Insosso

Aquário em oferta exclusiva. Acompanha, desatado, o cabelo fino das algas, o navio-fantasma, a estrela-do-mar em assombro. Pois nele mora a sereia. A ela não falta a partitura nem o pente, a longa carruagem galopante das nereidas, não faltam bojadores. Quando o véu do cardume se dissipa, o rosto surge miúdo detrás de alguma concha. Nos olhos fundos, febris, lampeja um filete de lágrima azul, falta-lhe o regente.

Prateleira de Destinos

Sandálias agrestes artemisianas saltam séculos precípites. Franciscanas: insubmissas. Quando paquistanesas, semelham o negro naipe de paus. Sandálias de praxe de princesas. Forem dos Andes, como adereço o condor. Sandálias para Marlene Dietrich. Diáfanas. Hollywoodianas. Decotadas. Inframundanas. Pagãs: luxúria das uvas no topo dos pés. Sapatos com salto em forma de vírgula. Ou formato de punhal. Dourados: *Aufklärung* lucífera. Fechos: dedos de um leque de plumas trincado. Pisadas angélicas, gélidas, feéricas. Forem fatídicas: sigam-me. Passos vermelhos lendários obrigando-te a. Então dança, dança, poeta.

Cena

Remate invisível na tela bordada aberta ao passageiro da manhã. Vê? Cadáver de plumas, o pássaro morto. Vê a menina? No chão, agachada diante dele. Percebe o cabelo de agulhas em susto, o veludo frio da face? A boca circula uma fuga de arrulhos, viu o matiz agudo do grito? Então peça-lhe que pare.

Sílaba. A mão fina da chuva. Mar de sombrinhas floridas.

Tapete Persa

Ovelhas contínuas fervem o leite da constelação. À margem flores-de-lótus ou ânforas de Júpiter. A seda derrama o zodíaco na areia. Derrama fornalhas, agudo fio de luar. Cidades bordam o centro: crisântemo explosivo – princípio do outro, caríssimo também. Azul não faltará de tinteiro tombado, pavão noturno e inacessível e tão difícil de pisar, tão fácil com ele todavia voar.

Sinal Verde

Se não for o tigre em chamas de William Blake, ou dançarino do fogo, se não é o inferno, o crime em série do santo ofício, se não for o apocalipse há de ser a multidão apenas, debelada no lábio do semáforo.

Couros & Pelicas

Detenho-me por hábito à vitrine de calçados. Front de saltos noturnos, torres incertas. Chanéis estreiam versão festiva, camurças aguçam desejo fatal. Botas. Escadaria de cadarços. Pedestal. Plataformas. Verniz imperativo. Modelos com laço e preço mais alto e a loja se fecha, sigo à procura desses designers: a serviço de fiandeiras, ou da carocha, engenham cristas, cocares, galhadas esparsas no passo do mundo.

Legião

Seria um anjo de Wenders da cabeça aos pés – inclusive o rosto, pedaço de lua entre gola e chapéu. Seus duplos em sobretudos fazem a alegria da névoa. Que selos escondem no segredo da valise? Beiram a calda espessa da tarde, silhuetas do negro, coração em fósforos brancos porque a noite chega cedo. E se debruça em pijamas, pipocas e pássaros — fecham de vez a história em quadrinhos.

Asas

Praça em lagos alados – mais pombo que gente. Pombo branco, negro, mesclado. O que arrasta no chão seu leque sujo. O que sobe pelo ar em lúcida lua. Pombos de todas as horas e origens. Vêm do lodo da manhã. Arroxeados, vão na abóbora do poente.

Praça em lagos alarmados – mais perna que gente. Trago no bolso o lenço dobrado. Trago a cartola, meus abracadabras – vem o apito demorado, meu baralho de poemas adestrados, trago um castelo de cartas.

Lenda da Terra de Marlboro

Não faz muito tempo, em todo outdoor, no rosto maquiado de toda esquina, fácil vê-lo. Eu só reparava o laço em seu punho, nem via seu rebanho de búfalos negros. Teria lá seus trinta, trinta e poucos anos. Nada me dizia sua boca entreaberta, baforando a nuvem espiral. Como o cheiro agreste que usasse, nada, nada mesmo me dizia.

Ele era um caubói. Eu seguia na multidão. Eu nem reparava o seu cavalo majestoso, em todo outdoor, no rosto maquiado de toda esquina. Fumar faz mal à saúde: não era lei escrever. Por ele, eu passava reto. Foi excesso de alcatrão? Teria lá seus trinta, trinta e poucos. Eu nem reparava a embalagem vermelha, sangue de búfalos negros. Eu seguia – foi carcinoma?

Cartão-Postal

Pois uma rua da manhã. Como Sidharta sentado à calçada, o menino dedilha o acordeão. Que chama atenção? A testa, lambida ruiva do sol. Que mais? O copo à sua frente. Que há no copo? Moedas. Que valem? Litorais. Quando? Qualquer dia, para sempre. Por onde? Rodovias ardentes. Litorais por quê? Pelas praias, camarões em flor. Que mais? Barcos. Há lanternas? Se houver noite. Então ouve, o que ofega? O fole. Que lembra o fole? O mar. Que é o mar? Travesseiro limpo, onde o menino põe a cabeça e continua a tocar.

Beiradas

Já é tarde na banca de livros usados. Deus enroupado nas capas, lombadas empurradas umas contra as outras já não detêm o olhar de quem passa. Cinéfilos. Ciganos. Cachorro-quente. A passagem desemboca em táxis e flores. Não há pão na padaria, só amanhã. Uma forma humana, homem ou mulher, verdeja ao farol. Outras formas indecisas, humanas também, rua adentro, um tanto assustadoras, um tanto fluidas, um tanto solitárias por demais pouco a pouco se desmancham, vagarosas, sem fazer barulho. Devotas.

Sina

O líder vai adiante. Entre a loja de automóveis, lavanderias fermentadas, o cão mascarado e o ginasta – masmorras com banho de espuma, suam cobaias nas academias – entre a monja budista e a romã mais que vermelha no cabelo das meninas singrando ruas ele desaparece. A multidão vai atrás: dentes, coxas, brincos, bonés, colônias ácidas, braçada de flores várias vai atrás a multidão. Ele não a arrasta. Ao contrário, corre dela.

Hora Extra

Há dez mil horas do ocaso. Nenhuma asa. A luminária é o diamante da escuridão. Relevo nenhum de telhado, nenhuma brisa que enerve o plantão da calçada sem passos. A bola de papel jogada ao chão não ousa perturbar o mundo – a treva pinta bocas de platina pela rua anestesiada, engole mãos, talheres e teclados, mortos que parecem vivos.

Papéis Picados

A top deixou o outdoor. Flutuava perto da torre melenas ao vento quando o êxodo começou. Placas de anúncio decolaram aos poucos. Letreiros pairaram sobre helipontos – restaram arrulhos, arrelia de maritacas. Mercadorias ascenderam como balões bizarros. Viu-se atleta maionese bicicleta detergente loteria gilete cerveja pomada presunto cigarro massa de tomate sabonete chocolate bronzeador TV a cabo analgésico piranha vestibulando meia de seda azeite de oliva cobrirem o céu lotado de slogans, logomarcas, clichês passados de mão em mão. Modelos empunharam facas como a retalhar o céu. Celulares adejaram no balé das andorinhas – vagas, videntes, vereadores se esfolavam no poste, vinham os cães. Depois o pranto, depois a praga, depois a chuva, depois um tipo de arco-íris.

Compulsão

E então esta lua, relógio branco no céu sem moldura, lembra-me a rua que inelutavelmente desço. É que nesta cidade mora um cavalo. Sou eu a seguir suas patas-viadutos até o lábio da mansão apodrecida, eu a lhe queimar o perfume no bolso negro da noite. Tranço-lhe a crina à moda do apache – longa, como um relincho sofrido.

Cabeleireiros de A a Z

No colo da rua, contei um milhão de cabeleireiros. Onde a novidade química atiça guerrilhas, define franjas rivais. Contei pomares de cobre. Mulher-deserto, mulher-dragão: há tons de açaí, morangas acesas nas omoplatas do quarteirão seguinte, mais cabeleireiros. Outras caixas de alumínio com escovas e tesouras, macieiras sanguíneas e pássaros da ruividão... Pisei avenidas de grampos fazendo frases, fazendo festa, ferimento, fazendo toda a tua vida.

Vacas

Entre a fila burguesa e o revérbero de sangue, lúcida curva do vidro do açougue do supermercado. Dedo guloso. Alça de carrinho. Compras. Arfantes. Compras. Ziguezagueantes. Dieta miúda, remorso acanhado escondido sob: três quilos de patinho bem magrinho moído. Agora mói outra vez. Agora você divide e embrulha em seis pacotinhos iguais.

Entre a massa almofadada da carne a zero grau e a fila vampira (vielas venosas no canto do olhar), o vidro corta a lágrima do gelo. Claro que a luz foi feita com flúor, igual à lua – em cilindros, resta-lhe contemplar.

Tese de Mestrado

    Sozinho o jumento, morador da vila cujas casas, uniformizadas, se ocultam sob telhados ascensionais. Orelhas em ponta de lança. Ventas de abismo. Patas nodosas na teimosia de muares: desta vila não sair. Ferraduras tamborilam pelo paralelepípedo em busca de notícias literárias – ou de alguma praça que empunhe as espadas do pôr do sol. Honradamente míope. Marca de ferro do mestre. Lombo vencido pela carga de páginas generosas, nenhuma sua.

Grafites

Ponto-morto na faixa de automóveis. Da avenida assassina ao feixe de vielas, grafites são demônios ou recados obscuros. Deixam porém ver pecados, maçã fatal, bocas e beijos de osso. Embreagem. Asa da paz. Primeira. Mármore manso. Breque. O anjo e sua dança fria.

A poeta esmagada pelo asfalto pede um livro onde morar. A poeta esmagada pelo livro quer a luva da calçada – sabe onde a história vai dar. O ônibus avança. A van acelera, vem o diabo, o pão amassado de segunda a sexta.

Feira de Artesanato

Flanam efêmeras malhas diversas em toda epiderme vinda do comércio musical onde nevam violões e cardápios escuros. esfoladura de sol. peito desfeito do formigueiro da praça, mártires e feras da lua-cheia. lantejoulas da guerra no labirinto apertado de camarões cambraias acarajés impossíveis. tulipas de pano. abajures de fuligem. framboesas estilistas. beijo de língua de tanta boneca de meia espremida três reais cada. dois sabonetes por cinco. água de coco. peras de parafina. bolsas pulseiras cortinas de contas compota de ameixa bandeiras cantinas e o nó desatado: a aleia se alarga, a fila tenteia, serpeia e flui, acha o trinco da rua.

Legendas das fotos de Eugène Atget

Página 1: *Espartilhos*, Boulevard de Strasbourg (10ᵉ arr.), 1921.

Página 11: *Letreiro de loja e varanda*, 17 rue du Petit-Pont (5ᵉ arr.), 1913.

Página 13: *Jardin des Tuileries* (1ᵉʳ arr.), 1911.

Página 15: *Montmartre*, basilique du Sacré-Coeur, rue de la Barre (18ᵉ arr.), agosto, 1900.

Página 17: *Loja de acessórios para homem*, 16 rue Dupetit-Thouars (3ᵉ arr.), 1910.

Página 21: *"Au Bebé Bon Marché"*, Loja de brinquedos, 63 rue de Sèvres (7ᵉ arr.), 1911.

Página 23 e 27: *Fête des Invalides*, 1898.

Página 29: *Place Saint-André-des Arts* (6ᵉ arr), antes da sua demolição a 10 de julho 1898.

Página 31: *Embaixada austríaca*, Hôtel de Matignon, 57 rue de Varenne (6ᵉ arr.), 1905.

Página 33: *Pórtico sul*, Notre-Dame, 1905.

Página 37: *Fête des invalides*, 1898.

Página 39: *Padaria*, 48 rue Descartes (5ᵉ arr.), 1911.

Página 41: *Igreja Saint-Sulpice* (6ᵉ arr.), abril 1926.

Página 43: *Carroça da destilaria*, 1910.

Página 45: *Boulevard Saint-Denis* (16ᵉarr.), 1926.

Página 47: *Jardin du Luxembourg* (6ᵉ arr.), 1903.

Página 49: *Macieira*, 1900.

Página 51: *Hôtel de Beauvais*, 68 rue Françis Miron (4ᵉ arr), abril 1902.

Página 53 e 55: *Cabarets artistiques "Le Ciel" et "L'Enfer"*, boulevard de Clichy (9ᵉ arr.), 1911.

Página 57: *Hôtel du marquis de Lagrange*, 4 et 6 rue de Braque (3ᵉ arr.), 1901.

Página 59: *O estúdio do fotógrafo*, Eugène Atget, 1910.

Página 61: *Igreja Saint-Sulpice*, rue Férou (6ᵉ arr.), 1898.

Página 63: *Sala de exposição da modista Mme C.*, Place Saint-André-des-Arts (6ᵉ arr.), 1910.

Página 65: *Pontoise*, ancien Palais du Tribunal, musée, 1902.

Página 67: *Interior de um colecionador*, Rue de Vaugirard (15e arr), 1910.

Página 69: *Loja de frutas e de legumes*, Rua Mouffetard (5ᵉ arr.), 1925.

Página 71: *Versailles*, cour royale, 1902.

Página 73: *Vista tirada sobre os telhados*, Igreja Saint-Séverin (5ᵉ arr.) 1903.

Página 75: *Escadaria*, Hôtel de Sully-Charost, 11 due du Cherche-Midi(6ᵉ arr.),c. 1904-1905

Este livro foi impresso na Gráfica Vida e Consciência
na primavera de 2009.